# 玲珑神致 冰玉匠心

明清德化瓷器精品集

宁夏博物馆 福建博物院 编著

李进增 陈永耘 主编

# 金银神采

## 邛崃十方堂

### 邛崃十方堂窑瓷器精品集

成都博物院 邛崃博物馆 编著
李昊晟 陈丽琼 主编

文物出版社

图书在版编目（CIP）数据

玲珑神致 冰玉匠心：明清德化瓷器精品集/宁夏博物馆，福建博物院编著；李进增，陈永耘主编．--北京：文物出版社，2021.7
　　ISBN 978-7-5010-6602-5

Ⅰ．①玲… Ⅱ．①宁…②福…③李…④陈… Ⅲ．①瓷器（考古）－中国－图集 Ⅳ．① K876.32

中国版本图书馆 CIP 数据核字 (2021) 第 094717 号

## 玲珑神致 冰玉匠心：明清德化瓷器精品集

编　　著：宁夏博物馆　福建博物院

主　　编：李进增　陈永耘

责任编辑：李　睿
封面设计：刘　奇
责任印制：王　芳

出版发行：文物出版社
社　　址：北京市东城区东直门内北小街 2 号楼
网　　址：http://www.wenwu.com
经　　销：新华书店
印　　刷：雅昌文化（集团）有限公司
开　　本：889mm × 1194mm　1/16
印　　张：9
版　　次：2021 年 7 月第 1 版
印　　次：2021 年 7 月第 1 次印刷
书　　号：ISBN 978-7-5010-6602-5
定　　价：180.00 元

本书版权独家所有，非经授权，不得复制翻印

# 玲珑神致 冰玉匠心

明清德化瓷器精品集

**展览主办单位**
宁夏博物馆　福建博物院

**展览项目负责**
陈永耘　林　丹

**展览内容设计**
王　舒　刘艳荣

**展览形式设计**
关静婷

## 编委会名单：

**主　编**
李进增　陈永耘

**副主编**
丁延辉　王　舒

**委　员**（按姓氏笔画排序）
李进增　吴志跃　张焕新　陈永耘
陈淑琤　龚张念　梁应勤

**图录撰稿**
王　舒　刘艳荣　关静婷

**资料提供**
福建博物院

# 目 录

馆长致辞一

馆长致辞二

前言

| 第一单元 | 陈设雅玩 | 001 |
| 第二单元 | 文房藏珍 | 031 |
| 第三单元 | 禅道陶然 | 039 |
| 第四单元 | 觥筹交盏 | 067 |

图片索引 121

# 馆长致辞一

宁夏博物馆 馆长
李进增

宁夏地处祖国西北内陆，福建位于祖国的东南沿海，两地虽相距千里，却因文化的交流与合作而紧密地联系在一起。闽宁合作渊源已久，文化交流更是日益出新。2004年，福建博物院、宁夏博物馆开启了首度合作，2009年宁夏博物馆更是集全区文物之精华，推出"塞上古韵——宁夏文物特展"隆重赴福建博物院展出。近年来，宁夏博物馆精心打造的岩画、民俗等系列展览，相继到泉州、厦门等博物馆展出。如今，闽宁两地再度联手合作，推出本展览，使福建博物院与宁夏博物馆的合作再续新篇，闽宁文化交流迈上新的台阶。

德化瓷素以"白如雪、明如镜、温如玉、声如磬"著称，因具有浓郁的地方文化特色，被推崇为"中国白瓷之冠"，又因其享有"国际瓷坛上的明珠"的盛誉而风靡全球。

宁夏博物馆旧藏德化窑瓷器近百件，此次精选两馆德化瓷器精品，推出"玲珑神致　冰玉匠心——明清德化瓷器精品展"，将96件德化精品联合展出，以飨观众。冀望借此展览，让各地观众欣赏到不同风格的瓷器珍品，并更好地增进两馆友谊，加强闽宁两地文化交流，为两地的文化繁荣做出文博人的独特贡献。

# 馆长致辞二

福建博物院 院长
吴志跃

福建位于祖国的东南沿海，历史悠久、风景宜人，有着深厚的文化底蕴和丰富的非物质文化遗产资源，德化瓷塑艺术就是其中之一。

德化位于福建省的中部、泉州市北部。德化的制瓷历史由来已久，宋元以来，德化所产的白釉、青白釉等类型的瓷器已经声名远播，随着海上丝绸之路的发展远销海外。明清时期，德化制瓷工艺发展到一个历史高峰，其白瓷工艺以玉洁冰清的胎釉质感盛名远播，被后世冠以"中国白"之称。

福建博物院院藏的德化瓷，多以明清时期为主，包括陈设器、文房用具、人物造像和饮食器皿等在内，每一件都经过历史长河的洗礼，反映了德化瓷器的独特魅力。以何朝宗为代表的德化瓷造像艺术，展示了中华文化的博大精深和福建文化的地方特色，突出了古代劳动人民的智慧和创造力，是我国古代工艺品中的瑰宝。

此次赴宁夏博物馆展出的展品，均为我院院藏德化瓷器的精品，给德化瓷的宣传和保护提供了良好的平台，希望借展览及图录出版的契机，增进宁闽两地的文化交流，为喜爱和研究德化瓷的大众带来新的视野，为弘扬中华文化奠定扎实的基础，为文化事业的繁荣和发展贡献新的更大的力量！

# 前 言

德化，位于福建省中部，泉州市北部，是我国古代著名的外销瓷产地。德化的制瓷历史可追溯至唐末五代，到了宋元时期，德化所产的白釉、青白釉瓷器声名远播，随着海上贸易的发展远销海外。明清时期，德化制瓷工艺发展到一个新的历史高峰，以其玉洁冰清的胎釉质感与独具匠心的造型艺术而享盛名，被冠以"中国白"之称。

明代德化瓷器胎体洁白细腻，厚薄因器而异，釉色以乳白为大宗，还有纯白、白釉泛青或闪灰等。产品形制丰富多彩，除各种造型生动的人物造像外，还有用于陈设的瓶、炉、尊、罍、觚、水盂、花盆等；文人书房所用的洗、盒、砚滴、水注、灯盏、烛台、印玺、箫笛、案屏、笔筒等；饮食起居所用的杯、盏、执壶、碗、盘、碟、羹匙等。清代，德化白瓷的产量比明代增加很多，在器物上也改变了明代以佛前供器和瓷雕为主的局面。除烧造白瓷外，还烧制青花和彩瓷。

本次展览遴选福建博物院院藏文物 69 件（套）及宁夏博物馆馆藏文物 27 件（套），将明清两代德化瓷器精品汇集一堂，借以展现德化瓷器的冰玉本色和独特魅力，为传承古老技艺、弘扬中华文化、加强闽宁两省（区）的文化交流贡献新的力量。

德化窑遗址：

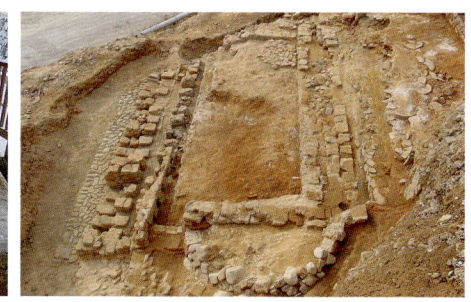

第一单元

陈设雅玩

I

# 第一单元 陈设雅玩

在中国古代，作为拥有较高知识文化水平的文人士大夫阶层，大多对居室的陈设非常重视，所选用的陈设器皿直接体现了主人的审美情趣和对艺术的不同理解。德化窑作为陈设的供器多仿照青铜等金属器皿。常见鼎、簋、觯、匜、斝、爵等造型，多装饰以模印的云雷、饕餮、窃曲、龙凤等图案，古朴稳重，格调典雅。如用以熏香或陈设的香炉，极力模仿名重一时的宣德铜炉。宣炉"要者有鼎炉、彝炉、乳炉、扁炉、敦炉、钵炉、洗炉、筒炉等""其妙在宝色内涵珠光外现""如好女子肌肤柔腻"。德化炉刻意制作宣炉式样，耳作竖方、象鼻、螭龙、狮首、绳索、如意诸形，足呈方戟、兽首、乳突、马蹄、磐式、玉环等状，胎釉如金玉气色，炉火纯青，纹理清晰，形质兼似。有些器底还刻铭"大明宣德年制""周伯香彝""子孙永宝"等，备臻精妙。

五供：
五供指的是神佛像前供奉的器类组合。明代的五供组合由元代的三供演变而来。包括一件香炉、一对花觚（瓶）和一对烛台（灯）。无论是国家祭典还是民间供奉、祭祀都有所应用。明清德化白瓷的炉、瓶类器，部分作五供之用。

## 印花双耳炉

明代
高9.4厘米、口径17.3厘米、底径11厘米
福建博物院藏

圆唇，侈口，直腹下收，腹间附有双兽首衔环耳。上腹印两周凸弦纹，其间对饰饕餮纹，左右衬托云雷纹及变形夔纹。通体施乳白釉，釉面莹润光洁，矮圈足，足底露胎，胎洁白细腻，外底正中阴刻"周伯香彝"隶书款。

# 双耳炉

明代
高 7.8 厘米、口径 11 厘米、腹径 12.3 厘米、底径 9.4 厘米
福建博物院藏

圆唇，侈口，束颈，垂鼓腹，双螭首耳附颈腹间，高圈足略撇，足沿外凸一周。通体施乳白釉，釉质莹润光亮，足底露胎，胎洁白细腻，外底正中有篆书"林氏子孙"方章款。镂空花卉纹木盖，上附玉雕兽形纽。

# 兽首双耳炉

明代
高 8 厘米、口径 12 厘米、腹径 13.5 厘米、底径 10 厘米
福建博物院藏

圆唇，侈口，短束颈，扁鼓腹，颈腹间贴附双狮首耳，平底，圈足。足沿外凸一周，外底印有方章，字迹不清。外壁施乳白釉，釉水滋润，纯净光洁，内壁与足底露胎，胎质细白坚致。

## 兽首双耳炉

明代
高 4.4 厘米、口径 7.7 厘米、腹径 8 厘米、底径 5.5 厘米
福建博物院藏

圆唇，直口，平沿外卷，短束颈，鼓腹，腹左右浮雕兽首耳，平底，圈足内凹，内外底露胎，余均施白釉，胎细白而坚。

# 兽首双耳炉

明代
高 7.1 厘米、口径 12.5 厘米、腹径 14.5 厘米、底径 10.1 厘米
宁夏博物馆藏

方唇,侈口,束颈,下垂扁鼓腹,大平底,对饰两兽面铺首耳,圈足外撇,有底款,四字,惜内容辨识不清。里外满施白釉,胎釉凝重饱满,釉色光莹,造型端庄典雅。炉是明代德化窑的主要产品,造型多种多样,古朴凝重。此器属德化窑瓷炉之精品。

## 兽首双耳炉

明代
高 4.1 厘米、口径 8.5 厘米、底径 6.9 厘米
宁夏博物馆藏

方唇，侈口，束颈，扁鼓腹，于口沿下附兽首形双耳，平底，圈足外撇。外壁施白釉，釉色莹润，内壁、外底不施釉。腹外壁竖刻五个铭文，惜辨识不清。仿簋式形制，古朴庄重，制作规整。

# 三足炉

明代
高 12.5 厘米、口径 23.2 厘米、腹径 27.2 厘米、底径 13.7 厘米
福建博物院藏

方唇，直口，平沿外折，短束颈，鼓腹，矮三足，内外底不施釉，器身光素无纹，釉色象牙白，釉水肥厚光润，胎质坚硬。

## 三足筒炉

明代
高 8 厘米、口径 10.2 厘米、底径 9.7 厘米
福建博物院藏

圆唇，直口，直腹，大平底，下承三如意头状足。施牙黄釉，内底及底足露白胎。

## 福禄寿三足炉

明代
高 14 厘米、口径 21 厘米、底径 18.5 厘米
福建博物院藏

方唇,敞口,直腹略内收,三矮足,口沿外有一周凸弦纹,腹外壁圆形三开光,内各有"福""禄""寿"字样。施白釉,内外底露胎。该器物将寓意吉祥的文字和仿古器形相结合,反映出明代的装饰特征。

# 弦纹炉

明代
高 14 厘米、口径 6 厘米、底径 6 厘米
福建博物院藏

方唇，广口，直节腹，大平底，下接三个如意头状足，外壁有凸弦纹数周。施牙黄釉，内外底露白胎。造型别致，古朴大方。

# 暗花竹节炉（两件）

明代
高 8 厘米、口径 11.3 厘米、底径 10.5 厘米；
高 8.5 厘米、口径 10.5 厘米、底径 10.5 厘米
福建博物院藏

直口，方唇，平沿，筒腹，平底微凸，底沿边附三如意头状足。外壁上下分别饰三道凸弦纹。内外壁施乳白釉，釉色莹润光洁，内外底露胎，胎质坚致细白。

## 夔耳簋式炉

明代
高 10 厘米、口径 19 厘米、足径 10.5 厘米
福建博物院藏

方唇，侈口，短束颈，上贴塑花卉纹一圈，鼓腹，颈腹之间饰夔龙双耳，圈足，足外微撇，外圈足印回纹。外壁施白釉，釉水光润，内壁施釉不均。

# 双耳圆鼎式炉

清代
高 25.2 厘米、口径 16 厘米、腹径 17.5 厘米
福建博物院藏

方唇，口微敛，窄沿平折，双扁方立耳，束颈，深腹微鼓，下收，圜底，接三柱足。腹外壁饰两道凸弦纹，器内印回地蛟龙纹。内外通体施白釉，釉色莹润光亮，白中泛黄。足中空，足底露胎，胎体坚实，洁白厚重。

# 双耳方鼎式炉

清代
高 14.2 厘米、口径 12.9 厘米 ×8.9 厘米、底径 10.8 厘米 ×7.2 厘米、足高 6.5 厘米
福建博物院藏

方唇，直口，平沿。双扁圆立耳，四兽蹄足，斜直方腹，四壁向下微收，平底。口沿外印一周回纹。外底有篆书"成化年制"方章款。通体施白釉，釉色白中泛灰青，莹润光亮，足底露胎，胎体坚实厚重。多作文房陈设用。

## 暗花炉

明代
高 8.2 厘米、口径 14.7 厘米、腹径 15.5 厘米、底径 7 厘米
宁夏博物馆藏

圆唇，卷沿，侈口，束颈，扁鼓腹，小平底，矮圈足。
外壁施白釉，釉色莹润，内壁、外底未施釉。

# 三足蟠龙烛台

明代
高 12.6 厘米、盘口径 5.8 厘米
福建博物院藏

烛台顶盘如荷叶，边沿自然弯曲，盘内中心有一深孔，用以插烛，盘下呈圆柱状，柱上绕贴一龙，张牙舞爪作翻腾状，柱下分立三兽面足。通体施乳白釉，足底露胎，胎质洁白细腻。

## 荷塘虾蟹灯盏

清代
高 4.3 厘米、口径 13 厘米、底径 9 厘米
福建博物院藏

圆唇，敛口，沿外折，沿面凸棱一周，边沿呈波折状。腹微鼓，下收，矮圈足，近底饰两周弦纹。内壁等分贴饰三片小荷叶。内心立一灯管，管下开孔，通油。周围贴饰虾、蟹和水龟。外底印折枝牡丹。胎质坚致细腻。造型生机盎然，活泼生动。

## 油灯

明代
高 6.3 厘米、口径 11 厘米、底径 4.7 厘米
福建博物院藏

圆唇，敛口，腹微弧斜下收，小平底，圈足，足底露胎。内心立一空管，管下有一孔以通油。通体施白釉，釉色白中略泛青，纯净光亮，外底施釉不均匀。胎质坚致，闪现糯米糊状结晶。多作案头照明用。

# 座灯

明代
高 14 厘米、口径 10 厘米、底径 8.3 厘米
福建博物院藏

圆唇，敛口，灯盘如钵，扁圆腹，带座圈足。灯盘内壁不施釉，外表施乳白釉，釉质莹润柔和。下承灯座，座壁上收，壁微鼓，有三个半弧形镂孔。底沿外撇，足底露胎，胎坚致厚实，洁白细腻。多用作供奉之器。

# 狮形香插

明代
高 9.3 厘米、长 6.5 厘米、宽 4.5 厘米
福建博物院藏

狮子呈蹲立状,头顶有一孔眼以插香,粗眉,鼻子上翘,张嘴露齿,口中衔彩带,颈部戴一系铃的项圈。狮身披卷曲长毛,前脚直立,左前爪抓握一绣球,两后腿蹲坐。通体施白釉,足底露白胎。

## 狮形香熏

**清代**
高 9.4 厘米、长 8 厘米、宽 7 厘米
福建博物院藏

狮子呈站立状，昂首张口，瞪目翘尾，四短柱足。狮首为器盖，盖于狮身之上。身呈椭圆形，内空。通体施青白釉，釉水肥润光亮，内壁及足底露胎，胎质坚致细白。狮口等部位有熏香留下的使用痕迹。

# 明清德化窑白瓷各式瓶示意图

## 双兽耳瓶

明代
高 14 厘米、口径 6 厘米、腹径 8 厘米、底径 6 厘米
福建博物院藏

圆唇，侈口，长束颈，颈部饰一对对称的兽首，束颈处有一周凸弦纹，上圆鼓腹，下腹斜曲内收，平底，圈足外撇。通体施牙黄釉，足底露白胎。多作陈设装饰用。

# 环龙胆瓶

清代
高 27.8 厘米、腹径 13 厘米、足径 8 厘米
福建博物院藏

方唇，口微敞，长直颈，球腹下垂，大平底，矮圈足，微撇。颈腹间贴塑探海盘龙，龙昂首翘尾，盘曲向上，形态甚为凶猛，周围贴饰云纹、火焰纹，下腹刻波涛纹。通体施乳白釉，釉色白中泛灰，浑厚不匀。内壁及足底露胎，胎质坚实厚重。

## 天球瓶

清代
高 35 厘米、口径 7.2 厘米、腹径 20.7 厘米、底径 11 厘米
福建博物院藏

方唇，直口，长直颈，斜肩微弧，腹上鼓下收，矮圈足。通体施白釉，釉水均匀光亮，微泛青色，内壁及足底露胎，胎质坚致洁白。

# 刻花双耳瓶

明代
高 22.5 厘米、口径 5.5 厘米、底径 7.5 厘米
福建博物院藏

方唇，侈口，长束颈，垂鼓腹，矮圈足。颈部贴塑一对环形耳，耳下贴饰椭圆形环，颈、腹部饰圆圈纹和蕉叶纹。通体施白釉，足底露胎。该器系明代德化窑新烧制的瓶类。

# 第二单元 文房藏珍 II

## 第二单元 文房藏珍

文房是历代文人雅士心灵的栖息地，读书抚琴，吟诗作画，焚香品茗，悠然自得。文房用品则成为文人案头必不可少的工具。瓷质文具是德化瓷器的传统产品，主要有砚台、笔筒、笔架、笔洗、水注、镇纸、印章、印盒等。德化窑的文房雅玩取材十分广泛，既有狮、象、鹿、猴、兔、牛、马、羊、鸡、鸭等飞禽走兽，也有鲤鱼、龟、龙、麒麟等水族神灵；还有桃、花生、佛手瓜等果蔬，琳琅满目，造型多写意概括，形简而富于雅趣，令人爱不释手。除实用功能外，文房用品通常具有很高的艺术价值，如透雕熏炉、镂空笔筒、堆贴达摩渡江案屏、印章等。

# 荷叶洗

明代
高 3.6 厘米
福建博物院藏

形状如一片翻扣的荷叶，叶边自然卷翘，呈不规则的六弧口，叶茎从内底中心拱起，伸向口沿外，接一枝莲茎，横贴外底，于底沿处露出一朵含苞欲放的菡萏。通体施乳白釉，釉水莹润如玉，纯净光亮，叶内下凹构成不规则的凸足，足底微露胎，胎细腻坚薄。多用于案头书写。

## 荷叶洗

明代
高 4 厘米、口径 11.5 厘米 ×8.5 厘米
福建博物院藏

器呈荷叶形，敞口，边为波浪纹。叶茎从内底拱起弯曲贴向外壁，底贴塑一枝长茎菡萏。通体施白釉，釉面光亮，足底露白胎。多用于案头书写，亦可作文房陈设用。

## 兽纽刻"孙镛之印"方章

**清代**
高 8.3 厘米、底面边长 5 厘米
福建博物院藏

敞口，边为波浪纹。

方形，獬豸纽，兽如狮状凶猛，独角，身披长毛，张口龇牙，侧首蹲坐，印章篆刻四字两行"孙镛之印"。通体施白釉，积釉处白中泛青，釉莹润光亮。胎体洁白厚实。为文人私印。獬豸为古代传说中的神兽，形如狮，头生独角，能懂人语，通人性，辨忠奸。

## 狮纽刻"读书堂记"方章

清代
高 6 厘米、底面边长 4 厘米
福建博物院藏

方形,蹲狮纽,狮回首瞪目,蹲坐,状凶猛。印章阴刻"读书堂记"四字篆书。通体施白釉,釉白中泛黄,莹亮光洁,胎质坚实细白。

# 贴塑团龙水盂

清代
高 5.7 厘米、口径 5 厘米、腹径 8.1 厘米、底径 5 厘米
福建博物院藏

厚圆唇，敛口，凸沿，鼓腹，大平底，矮圈足，腹壁对称贴饰双团龙和螭龙（夔龙）。通体施白釉，釉质莹润光洁，足底露胎，胎洁白坚致。

第三单元

禅道陶然

III

## 第三单元　禅道陶然

在长期的生产实践中，德化窑工利用瓷土的自然属性，精心制作出大量的雕塑造像。德化窑瓷雕人物作品以佛教人物居多，观音、达摩、如来、文殊、普贤、弥勒、罗汉等，或坐或立，形态迥异，各具神采。明代以何朝宗、林朝景、张寿山、陈伟、林希宗和林孝宗为代表的德化瓷塑艺术家们，讲究整体造型及衣纹处理，着力于脸部神情的细致刻划，形成了德化瓷塑造型精巧美观、人物神形兼备、衣纹深秀洗练、线条飘逸流畅的艺术风格，将德化瓷塑艺术推到了一个前无古人的高峰。

**1. 德化窑瓷雕人物的制作方法**

德化窑瓷雕人物的制作技法有模制和捏塑两种。模制人物，主体部分模印制成，有的分前后两部分或上下两部分合模而成，其头和手单模另制，经加工修饰后再衔接成整体。捏塑人物则是直接手捏，塑像形成后，带有明显的指纹痕迹。瓷雕人物内部大多用刀挖成空心，然后在主体基础上，再进行细部刻画。

**2. 德化明清瓷塑部分名家及其代表作品简表：**

| 序号 | 名家印章 | 代表作品 | 年代 |
| --- | --- | --- | --- |
| 1 | 何朝宗 | 渡海观音 | 明代 |
| 2 | 张寿山 | 伏虎罗汉 | 明代 |
| 3 | 林朝宗 | 观音 | 明代 |
| 4 | 林希宗 | 披座观音 | 明代 |
| 5 | 林孝宗 | 渔女观音 | 明代 |
| 6 | 陈伟 | 伏虎罗汉 | 明代 |
| 7 | 颜俊高 | 持经观音 | 明代 |
| 8 | 林我范 | 观音 | 明代 |
| 9 | 心默子 | 观音 | 明代 |
| 10 | 何朝春 | 持经观音 | 清初 |
| 11 | 陈念山 | 观音 | 清初 |
| 12 | 眉心荣记 | 观音 | 清中 |
| 13 | 博及渔人 | 如意观音 | 清中 |
| 14 | 许友义 | 五百罗汉 | 清末 |

### 3. 明德化窑白瓷观音坐像

"观音"是佛教中的西方三圣之一，据说遇难众生只要诵念其名号，她就会即时观其声音，前往拯救，所以人称"观世音"。唐代因避讳唐太宗李世民的尊号，简称观音。由于传说中她能降服妖魔，且大慈大悲，法力无边，所以倍受佛教信徒们的顶礼膜拜。古往今来，我国曾生产了大量的观音塑像，这其中福建德化窑生产的白瓷观音塑像广受欢迎。它以世俗女子的形象为蓝本进行艺术加工，将洁白纯正的胎质与莹润的白釉相结合，塑像显青如脂似玉，典雅可爱，是世人竞相称奇的明清艺术珍品，有"东方维纳斯"之美誉。目前已发现的明代德化窑观音坐像所带的款识有：像背后方形阳文篆书"林学宗印"四字戳记、像座内壁刻"天启年"款以及像背后葫芦形阳文篆书"何朝宗"三字戳记等。

### 4. 德化窑瓷雕观音主要类型

手持净瓶、杨柳的杨柳观音；

坐岩、手持经卷的读经观音；

漫步五色祥云之上、潇洒悠闲的游戏观音；

手提鱼篮为钓鱼降妖相的鱼篮观音；

乘莲花浮于水、飘行自若的一叶观音；

坐崖畔、手持莲花凝神静思的威德观音；

头戴佛像宝冠的延命观音；

怀抱婴孩的送子观音。

# 观音立像

明代
通高 50 厘米、底径 14.5 厘米
福建博物院藏

头部正面戴化佛冠，印一朵宝莲花，结高髻，上覆巾垂肩，面容端庄，微含笑意，身着广袖通肩大衣，袒胸垂挂璎珞，两手戴镯，交叉于腹前，下着长裙，跣足立于云座上，衣褶随风飘动，文静慈祥，娴静若思。造像通体施象牙白釉，釉质纯净莹亮，如脂似玉。胎体厚重，内空，座底露胎，胎洁白细腻，背部印有小篆"何朝宗"葫芦章及"宣德"方章。

**何朝宗：**

德化城东隆泰后所人，曾寓居泉州，是德化历史上最著名的一代瓷塑大师。其作品蜚声于世，被誉为"东方艺术"珍品。所塑白瓷人物，神态逼真自然，衣褶线条清晰流畅，宛若随风飘逸，于典雅中透显仙佛灵韵，具有独特的艺术魅力，堪称德化窑制瓷工艺的巅峰之作。

# 观音立像

明代
通高 44 厘米、通宽 11.2 厘米、底径 11 厘米
福建博物院藏

小口，直鼻梁，弯眉垂耳，面部神情娴静，微含笑意。头梳高髻，头戴化佛冠，上覆巾下垂，肩披帛，袒胸饰璎珞。身着广袖通肩大衣，衣纹自两肩向胸前下垂。两袖下垂，向外拂展，袖上衣纹随势露出褶皱。跣足露趾，立于云纹座上。像中空，通体施乳白釉，釉质莹润洁白，内壁施半釉。座底露胎，胎质细白坚致。手腕戴镯，右手执莲花，左手抚莲。

# 观音立像

清代
通高 25.2 厘米、通宽 9 厘米
福建博物院藏

头结髻，颈戴宝圈，上身袒露，胸饰璎珞，飘带从背后绕前披挂于两臂，双腕戴镯，左手屈举至胸齐，伸指作法。右手斜收于腹下，掌执长柄如意。腰束长裙，结带下垂。跣双足立于鳌头之上，四周衬托浪花。通体施白釉，釉水均匀净亮。背面有篆书"何□□"葫芦章和"宣德"方章款。

德化窑的造像注重脸部神情的细致刻画和整体造型的处理，特别是细节部分如衣褶、手指等处做工精细，形成了德化瓷塑造像精美飘逸的艺术风格。

# 观音立像

明代
通高 36.2 厘米、通宽 9.5 厘米、底径 11.5 厘米
宁夏博物馆藏

观音头披羽巾，发髻高耸。头部稍向左前倾，双目微合，若有所思，直鼻小口，两耳颀长，面庞丰满圆润。身着开襟长衫，胸前佩戴璎珞饰物，衣纹刻画很深，褶皱分明。观音左手搭于右手之上，惜有几指残断，一脚露于衣物之外，立于海浪纹座上。瓷塑像中空，身材修长，体态轻盈，容貌端庄，慈祥和蔼，超凡脱俗。通体施白釉，釉色滋润，以德化瓷细腻的质地和独特的象牙白展示其静美柔曼的风韵，朴素典雅，衣纹流畅，表情传神，形象逼真，美观大方。雕刻手法细腻，手、足、毫发之间尤见功力。

## 观音坐像

**明代**
**通高 25 厘米、通宽 14.3 厘米**
**福建博物院藏**

塑像神情专注，慈眉善目，头覆巾垂肩，胸饰璎珞，右手扶膝，左手下垂。取自在坐姿。釉色乳白滋润，衣褶线条流畅。

## 观音坐像

明代
通高 19 厘米、通宽 12 厘米
福建博物院藏

头结高髻，弯眉垂目，小口大耳，面目端庄，微含笑意，胸部饰如意，颈挂念珠，肩披帛，身披通肩大衣，右手执一经卷，收于胸前，左手搭靠于左上膝；右腿贴地，收左腿盘坐于地，取自在坐姿。衣袂下曳，衣纹自然流畅。通体施乳白釉，釉水莹亮光洁，像内空露胎，胎质洁白、细腻坚致。

# 观音坐像

清代
通高 21 厘米、通宽 14 厘米
福建博物院藏

头梳髻，双耳下垂，五官端正庄严，面部沉静安详。双手交叉，双腿盘曲，衣带下垂，一脚露出。衣纹自然流畅。坐像整体施白釉，釉色光亮，底露白胎。

# 送子观音像

明代
通高 38 厘米、通宽 15 厘米
福建博物院藏

坐于高台上，正视前方，面目慈祥，五官端正。头披长巾，右手扶一孩童坐于膝上，双脚盘曲，露一脚，坐像一侧放书一函。通体施白釉，座底露白胎。

## 送子观音像

**明代**
**通高 18.3 厘米、背宽 6.5 厘米**
**宁夏博物馆藏**

坐于高台上，眼睑下垂，面目慈祥，五官端正，结高髻，头披巾。双手扶一着衣孩童坐于膝上，惜双手已残损，一脚外露。通体施白釉。

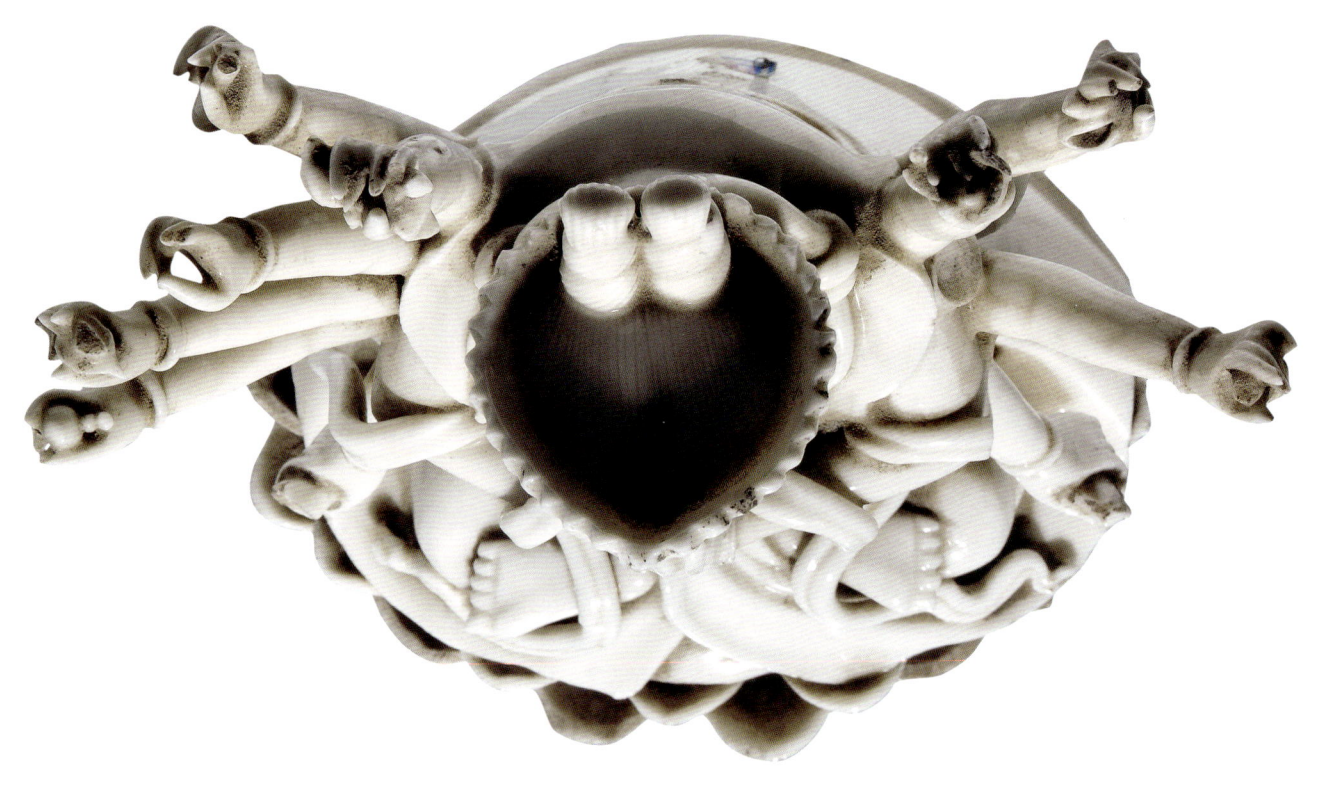

## 千手观音像

**明代**
通高 25.4 厘米、通宽 8 厘米、底径 10.6 厘米
宁夏博物馆藏

千手观音泛指多臂之意，实际上并非要多到密密麻麻，千条臂膀反而失去了手姿造型美和空间感。常见的千手观音有六、八、十二、十八、三十六、四十二臂等各种法相，是根据信奉者的祈愿而塑造雕琢成不同的形象。但无论其手臂多寡，都旨在突出观音的法力无边，能除恶扬善、扶助贫弱和给世人以最大关爱。

这尊千手观音应为十八臂观音，左边已残缺四臂，右边已残缺二臂。正臂双手合掌，左右各臂自上而下分持宝物和法器。头戴化佛冠，面相丰颐，璎珞悬胸，身披天衣，衣纹流畅飘逸，眼帘微阖，目光俯视，两腿交叠，全跏趺坐在束腰仰覆莲座上。虽手臂和手中所持之物多有残缺，但整器造型在人物处理上既人性化，又神圣化，工艺繁复，造型精准，再通体施以白釉，釉汁纯净滋润，更显得庄严稳重，高贵典雅，不失为一件德化窑的精品。

# 达摩立像

清代
通高 43.1 厘米、身宽 12.4 厘米、底座宽 14.6 厘米
福建博物院藏

头光秃，凸额大耳，虬髯，瞠目微下视，双眉紧锁，面容庄严，流露出缄默沉思的表情。身披通肩长衣，袒胸，两手交叉于腹前，赤足立于浪花底座上，衣袂随风飘动，宛如乘风渡海。通体施泛青白釉，浑厚莹润。体厚重，内空，施半釉。座底露胎，胎洁白细腻。

## 释迦牟尼佛立像

明代
通高 29.2 厘米、底径 11.5 厘米
福建博物院藏

佛像头结螺发，中饰一珠。头微垂，目下视，面相静穆。右臂直垂身侧，手结与愿印。左手收至胸，掌握宝珠。下着衣裙承座，赤足立于仰莲纹座上，肌肉丰腴，衣着自然流畅，造型精美沉稳。

## 如来佛坐像

**明代**
**通高 29 厘米、通宽 18 厘米**
**福建博物院藏**

如来佛全跏趺端坐于莲花台上，中空，佛头结螺发，双目微闭，双耳垂肩，五官端正，前胸袒露，双脚盘曲，两手弯曲放于脚上，身穿带花结披风，腰系裙，施白釉，釉光亮。足底露白胎。造像整体给人以庄严神圣之感。

# 李太白坐像

明代
通高 14.3 厘米、身宽 6.8 厘米、底宽 9.2 厘米
福建博物院藏

头戴文冠，冠带垂肩，面钻孔嵌须。身穿长袍，腰系玉带，腹部刻凤纹。右手自然下垂，两手掩于袖内，左肘贴靠石座，左腿平置内收，右腿屈立，露出靴，倚靠在石座上，衣袂曳地。像内空，通体施牙黄釉，釉水莹润光亮。座底露胎，胎细白坚洁。造像飘逸洒脱，生动逼真，多作陈设之用。

# 福德正神坐像

明代
通高 16.1 厘米、通宽 7.3 厘米、底径 3.7 厘米
福建博物院藏

头戴平顶冠，冠带垂肩，舒眉眯眼，长髯垂胸，笑容可掬。身着长袍，两手交叉握于腹前，端坐。坐像通体施乳白釉，釉水洁白莹润。像内空，露胎，胎质坚致细腻。民间俗称土地公。

# 福德正神坐像

明代
通高 16 厘米、通宽 7.3 厘米、底径 4.7 厘米
福建博物院藏

头戴平顶冠，冠带垂肩。舒眉眯眼，长髯垂胸，笑容可掬。身着长袍，两手交叉握于腹前。两腿呈八字摊开。足着云头履，端坐。通体施乳白釉，釉水洁白莹润，像内空，露胎，胎质坚致细腻。

# 关公周仓立像

明代
通高 8.5 厘米、通长 10.5 厘米、通宽 4.5 厘米
福建博物院藏

关公五官端正，双目下视，身着长袍，胸露铠甲，头戴高帽，两脚直立，双手藏于衣袖内，衣带下垂。周仓身形瘦小，头戴盔帽，脸侧向关公，右手屈于胸前，平举至胸齐，似持物状，左手下垂提衣角，双脚直立。石座平底中空，底部露胎。塑像取材于关羽智伏周仓的故事，关帝庙中供奉时，常取二者形象。

## 张生爱子人物立像

**明代**
**通高 25.3 厘米、底径 11 厘米**
**福建博物院藏**

张生头侧向左边，五官清晰，头戴官帽，身穿官服，腹部饰花纹，左手自然下垂，右屈臂平举。一童子依偎在张生身旁，身着肚兜，右脚着地，左脚后抬，侧身仰望着张生，二人立于浪花台上。童子五官端正，一手前伸，一手扶于张生身上。台座平底内空，底部露胎。该立像人物比例匀称，形态自然。

### 弥勒佛坐像

明代
通高 13 厘米、通宽 16 厘米
福建博物院藏

弥勒光头，目视前方，双耳垂肩，弯眉眯眼，露齿大笑。衣着宽大，袒胸露乳，肚大而圆。竖右膝，盘左膝而坐，右手自然放于右膝上，左手放于左膝，掌心向上作拈花状，露双足。平底内空，白釉光润，足底露胎。

第四单元

觥筹交盏

IV

# 第四单元 觥筹交盏

中国是一个农业大国，饮食文化源远流长，有"民以食为天"的古谚，因此对饮食器皿也十分讲究。德化窑烧制的酒、茶兼用的杯盏类器物，多与唐宋同类金银器造型相似，口沿及器身有花瓣形、菱形和椭圆形，单耳或双耳，表面堆贴人物、动物、花卉等，有的刻划松鹤、云龙、花鸟、兰花、竹石图案，有的题铭"杯享万钵""但得酒中趣，莫为醒者传""君进酒"等语句。此类器皿轻巧玲珑，胎釉透亮，与装饰图文相映成趣，令人爱不释手。仿照青铜爵并加以改造的爵形杯更是其中的佼佼者，因其器身往往堆贴梅花，故民间俗称梅花杯。形呈椭圆、八角或花瓣，大口，深腹，小底，底部梅枝围成脚架，向上缠绕杯身，枝条苍劲挺拔，花朵或含苞或怒放，也有以仙鹤、斑鹿、龙虎相间的，极富生趣。

## 【知识点】

17世纪中晚期德化窑的梅花装饰：

有着"花魁"之誉的梅花，历来就是文人墨客赋诗和作画的题材，也是明清德化窑白瓷中最多见且贯穿始终的装饰纹样。常采用贴塑的技法，装饰在各类器物上。梅开五福的吉祥寓意，雪中探梅的文人意趣，都凝结在小小的杯盏间，成为时人情怀的一种表达。

# 贴螭壶

明代
高 12.9 厘米、口径 4.8 厘米、腹径 8.5 厘米、底径 8.5 厘米
福建博物院藏

小平口，盖套合，盖上贴塑昂首拱立的螭形纽，腹呈圆筒状，大平底。壶中部饰结带两周，一螭作流，四爪贴腹壁，转首向外仰望，口大张，形态生动逼真；一螭作鋬，俯首向下翘尾作翻腾状。通体施象牙白釉，釉水莹润柔和，纯洁光亮，底平微内凹，足底露胎，胎洁白细腻，外底正中有方章，字迹模糊不清。

## 贴塑折枝花茶壶

清代
高 11.5 厘米、口径 4 厘米、腹径 10.7 厘米、底径 7 厘米
福建博物院藏

壶盖里凸方框套合壶口，盖面如叶形。壶身方口内敛，球腹，平底，六角形足，贴附短流和枝状把手，枝叶延伸至盖面及腹壁两侧。外观犹如连枝的果实。通体施白釉，釉质洁白莹润，盖内、壶口及足底露胎，胎质细而坚。

## 饕餮纹花觚

清代
高 43.8 厘米、口径 16 厘米、底径 11 厘米
福建博物院藏

圆唇,窄卷沿,喇叭形口,深长筒状腹,中腰凸起,饰以饕餮纹,二层圈足。通体施乳白釉,内深腹不施釉。此类器物多用于陈设。

# 素面觚

明代
高 21 厘米、口径 13.9 厘米、底径 6.9 厘米
福建博物院藏

圆唇，侈口，卷沿，筒形腹，中段略鼓，平底，矮圈足。腹部有凸弦纹两道，并有行书题款"山花向东一童"。外壁施乳白釉，釉水莹润光洁。德化窑作为陈设的供器多仿照青铜等金属器皿。常见觚、鼎、簋、觯、匜、斝、爵等造型，多装饰以模印的云雷、饕餮、窃曲、龙凤等图案。器物古朴稳重，格调典雅。

## 回纹觚

明代
高 13.3 厘米、口径 8.4 厘米、底径 4 厘米
福建博物院藏

圆唇，宽卷沿，侈口，颈斜直下收，中腹凸起，饰连续回纹，腰下直壁，平底圈足外撇。通体施乳白釉，釉水莹亮光洁，内壁及足底露胎，胎质洁白坚致。多用于文房陈设。

# 觚

明代
高 17.2 厘米、口径 9.8 厘米、底径 6.6 厘米
福建博物院藏

圆唇，侈口，窄卷沿，直颈下收，中腹凸起，腹下直壁微撇，足沿内敛，平底内凹。通体施乳白釉，釉质匀净光润。内壁及外底露胎，胎质坚致。

# 爵

明代
高 6.3 厘米
宁夏博物馆藏

通体施白釉。敞口，口面呈卷叶形，一端尖，一端圆，椭圆形腹，圜底，三兽首长足外撇。杯口左、右内侧中心处有高出口沿 1 厘米多的乳头柱，外腹口沿下有一周凸弦纹，弦纹及杯底中间夹饰几组纹饰。贴塑扉棱及花草纹，胎体较薄，造型优美，釉质莹润。

## 菊花式碟

明代
高 1.5 厘米、口径 16.3 厘米、底径 8 厘米
福建博物院藏

圆唇，敞口，浅腹，壁平斜，圈足。内底印太极图。口沿以及器壁内外刻划菊瓣纹。通体施白釉，釉色白中泛黄，光润柔和，外底方框内刻"匡正"款。足底露胎，胎质坚致光亮。

### 贴塑松鹿碗

**明代**
**高 8 厘米、口径 15.3 厘米、底径 8 厘米**
**福建博物院藏**

圆唇，直口微敞，弧腹，平底，矮圈足，器外壁贴塑花草、松树、立鹿等。施青白釉，足底露胎。此类器物多为实用器。

# 划花盘

明代
高 5.5 厘米、口径 27.6 厘米、底径 14 厘米、足高 0.9 厘米
福建博物院藏

方唇，敞口，窄沿，浅腹。盘壁微内弧，平底，圈足露胎。盘内刻花卉纹。器身呈乳白色，胎质坚致，釉色光亮，釉面有沙眼。

## 三乳足椭形杯

明代
高 10.2 厘米、口径 14.3 厘米 ×11.5 厘米
福建博物院藏

圆唇，椭圆形，敞口，深曲腹，圜底。腹壁一侧刻一鹤独舞，另一侧刻两行隶书"君拍手，我高歌，且进酒，莫辞步"，末署"玉泉""石介"篆书款，杯底略弧，有三乳足。通体施乳白釉，釉水柔润光亮，足底露胎，胎质洁白细腻，外底正中有方章款，字迹不清。

德化窑刻划技艺系用竹、骨、铁制的平口或斜口刀状工具在已干或半干的坯体上刻出花纹。刻花纹饰有凹有凸，其特点是着力较大，雕刻较深，花纹有层次感，常与划花结合运用。划花纹饰多呈阴文线条状。明代德化白瓷上除刻划花卉图案外，还常有诗词文赋和印章款记。

大清乾隆年製　乾隆御覧之寶

## 贴梅椭形杯

明代
高 7.1 厘米、口径 12 厘米 ×7.3 厘米、底径 4.2 厘米 ×3.4 厘米
福建博物院藏

圆唇，敞口，椭圆，口沿外撇，斜壁下收，圜底。底下承镂空枝状足。枝足上分别生有梅花和玉兰花贴附腹壁两侧。通体施白釉，釉水莹润纯净。足底露胎，胎质细白坚致，闪糯米状光泽。

镂雕，亦称镂空或透雕，瓷器装饰技法之一。将装饰花纹镂成浮雕状或将纹样外的坯体镂通，成两面通透的镂空花纹。明代德化瓷器亦将镂雕作为主要技法之一，其风格较为粗犷。

# 双耳杯

明代
高 3.6 厘米、口径 7 厘米、底径 3.6 厘米
福建博物院藏

圆唇，敞口，深腹，下腹曲收，平底，圈足。腹部饰有一对夔龙耳。通体施白釉，釉面光润，胎质坚硬洁白。

# 贴塑花卉纹杯

明代
高 5.5 厘米、口径 9.7 厘米 ×9 厘米、足高 0.3 厘米
福建博物院藏

圆唇，敞口，杯口椭圆形，深腹斜收，圜底，四矮足。杯外贴塑花卉纹，枝叶延伸至足底。胎质坚硬洁白，釉面光润，叶脉纹络清晰。

### 三乳足椭形杯

明代
高 5.7 厘米、口径 9.2 厘米 ×7.3 厘米、足高 0.5 厘米
福建博物院藏

圆唇，敞口，呈椭圆形，深腹斜收，平底，三乳足。杯外壁刻有字，字迹模糊不清。胎质洁白坚致，釉色光润均匀。

# 三乳足杯

明代
高 6.8 厘米、口径 8.1 厘米、底径 3.6 厘米
福建博物院藏

圆唇，敞口，椭圆，深曲腹，呈八个连弧形。壁斜下收，平底，底承三乳足。腹壁两侧分别刻草书"先生之风山高水长，弘高"和篆书"云□"题款。通体施乳白釉，釉水莹润光洁。足底露胎，胎质坚致，洁白细腻。

# 三乳足杯

明代
高 8.2 厘米、口径 13.2 厘米 ×10.5 厘米
福建博物院藏

圆唇，敞口，口沿外撇，椭圆，深曲腹，呈八角形，斜曲壁，平底，底承三乳足。外壁一侧题刻行书"李公一斗诗百篇"等字。外底有篆书方章款。通体施白釉，釉面莹润光洁，足底露胎，胎骨洁白细致。明清德化窑小杯上常有题铭，内容通常与饮酒有关。

## 三乳足杯

明代
高 3.1 厘米、口径 7.6 厘米
福建博物院藏

口外侈，弧腹，圜底，三乳足。外底印篆书方章，字迹不清。通体施乳白釉，釉水莹润柔和。足底露胎，胎质洁白细腻，闪现糯米状结晶。

## 瓜棱式杯

明代
高 3.2 厘米、口径 8.3 厘米、底径 3.2 厘米
福建博物院藏

圆唇，敞口，斜壁微弧，平底，圈足，外壁呈瓜棱状。通体施乳白釉，釉水光洁莹亮，外底有小方章，字迹不清，足底露胎，胎质细白坚致。

## 【德化窑八角梅花酒令杯】

该杯在使用时,将酒注入杯内,至老人胸前时,酒不再上漫,而从杯底一个小圆孔中汩汩流出,故有时称瓷塑老人为"公道老",故此杯亦称为"平心杯"。造成平心杯现象的关键在于杯内的瓷塑。公道老内中空,有一道与公道老的胸部等高的间隔。左侧空腔在公道老足部有一方孔,与杯内相通。右侧空腔与杯底圆孔沟通。左侧空腔高度低于右侧空腔,构成了U型通道。酒从杯内方孔进入公道老内部,当酒漫至公道老胸部时,左侧压强大于右侧压强,酒便向右侧流动,经小圆穿外流,造成平心现象,也就是物理学中的虹吸现象。明代德化窑八角梅花酒令杯融艺术、科技和实用为一体,造型之优美、设计之巧妙,堪称德化窑之杰作。

## 刻花八角杯

明代
高 5.2 厘米、口径 8 厘米 ×7.1 厘米、底径 5.1 厘米 ×4.3 厘米
宁夏博物馆藏

唇窄沿外卷，敞口，斜直腹，平底，矮圈足。杯身呈八角形，杯腹的六面饰有折枝梅花，其余两面光素。每组有三枝梅花，其间以三道并行的凸弦纹相隔。杯内底有一直立的瓷塑老翁，双目微敛，长袍袒腹，神情超然，雕塑线条简练而粗放。

# 贴塑梅花八角杯

明代
高 4.5 厘米、口径 8 厘米 ×7.5 厘米、底径 5.5×4.8 厘米
福建博物院藏

圆唇，敞口，呈八角形，直壁往下微收，平底，矮圈足。口沿外饰一周回纹，器壁六面凸印对称的折枝梅花。内底塑一空心立人像，人物足边有一孔通内底，内中立一空心管可通水。杯注水未满不漏，注水过多，可通过管道往外排出。足呈八角形，外底平，有一孔通管道。通体施乳白釉，釉质莹润光洁。足底露胎，胎质洁白坚致，闪现糯米糊状结晶。多作宴饮之用。

# 贴塑花卉方杯

明代
高 5 厘米、口径 7.5 厘米 ×7.5 厘米、底径 4.5 厘米 ×4.3 厘米
福建博物院藏

方唇，侈口，壁斜下收，平底内凹，外壁四面贴塑蟹、花、蜻蜓、树木等，精美别致。通体施白釉，白釉细润，底露胎。

## 贴塑梅花杯

明代
高 3.4 厘米、口径 7 厘米、底径 3.4 厘米
福建博物院藏

唇外方，敞口，弧腹，平底，圈足，单耳，呈折枝状。外壁贴塑折枝梅花。通体施白釉，釉面光亮，足底露白胎。整个器物给人以典雅精致之感。

## 带鋬圈足杯

**明代**
**高 3 厘米、口径 5.5 厘米、底径 3 厘米**
**福建博物院藏**

方唇，敞口，斜直深腹，腹壁内斜下折收，平底，圈足。口沿下方饰一耳。腹部饰一周凸弦纹。通体施白釉，釉水莹润光洁。足底露胎，胎质紧致。

## 梅花纹花口杯

明代
高 9.3 厘米、口径 13.5 厘米 ×10.5 厘米
福建博物院藏

圆唇，椭圆形杯，敞口，深腹斜曲内收，圜底。杯外壁贴塑花枝、草叶等，足呈镂空八孔的根茎状。通体施米白釉，釉色光亮，足底露白胎。

# 梅鹿椭形杯

明代
高 6.8 厘米、口径 11 厘米 ×8.3 厘米、底径 4.3 厘米 ×3.3 厘米
福建博物院藏

圆唇，敞口椭圆，口沿呈十二连弧形，斜壁下收，小平底。口沿下两端浮雕侧悬的山石，壁间分别贴饰鹤和云龙，壁下贴饰立鹿寿石。通体施乳白釉，釉水莹润柔和，足底露胎，胎质洁白细腻。

## 【德化窑瑞兽、鱼、松纹犀角杯】

中国的酒文化源远流长，犀角杯是中国传统酒具中最为珍贵的一种。明代犀角雕刻使用圆雕、浮雕、阴刻等多层雕刻技法，使作品层次丰富，形象生动。明代德化窑借鉴吸收了同时代犀角杯的造型和纹样题材，运用堆贴的装饰技法，产生出精雕细琢的艺术效果，与犀角杯有异曲同工之妙。

# 鹿梅锥底杯

明代
高 9 厘米、口径 10.3 厘米
福建博物院藏

圆唇，敞口，椭圆形，呈十二个连弧状，斜腹下收，钝尖底，状如犀牛角。壁上两端浅浮雕悬岩，岩间贴饰梅花、龙纹。间饰日月，壁下两侧贴饰鹿，昂首向上。通体施白釉，釉水洁白莹润，口沿露胎，胎坚致细腻。

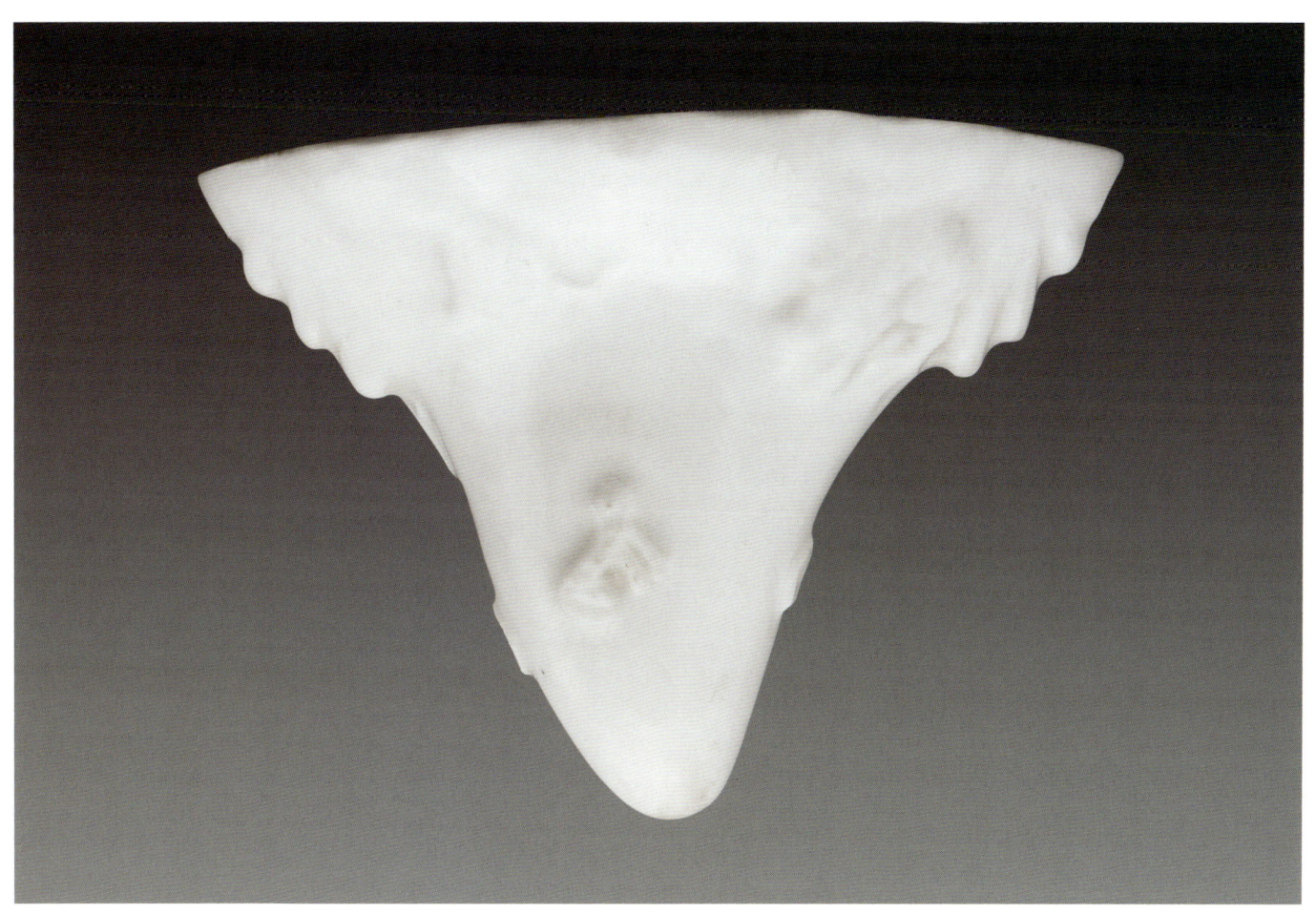

## 花口三足杯

明代
高 5.8 厘米、宽 6.8 厘米、口径 8.9 厘米、底径 2.6 厘米
宁夏博物馆藏

圆唇，敞口，椭圆形，口沿呈花瓣状，深曲腹下收，杯底渐平，底承三乳足。腹外壁刻画铭文。通体施白釉，釉水莹润。足底露胎，胎质坚致洁白。器形盈巧。

## 瑞兽松枝纹花口杯

明代
高 6.5 厘米、口径 13 厘米 ×9.5 厘米、
底径 5 厘米 ×4.2 厘米
宁夏博物馆藏

圆唇，敞口，椭圆形，口沿呈连弧形，斜壁下收，平底，口沿下两端浮雕侧悬山石，壁下贴塑立鹿、松鹤等。通体施白釉，足底露胎，胎质洁白。

# 瑞兽松枝纹花口杯

明代
高 7.4 厘米、口径 13 厘米 ×9.7 厘米、底径 4.7×4.2 厘米
宁夏博物馆藏

圆唇，敞口，椭圆形，口沿呈十二连弧状，斜壁下收，平底。口沿下两端浅浮雕侧悬山石，壁间贴塑松枝、瑞兽等纹饰。通体施白釉，足底露胎，胎质洁白细腻。

# 梅鹿飞鹤花口杯

明代
高 6.2 厘米、口径 10.2 厘米 ×3.5 厘米、底径 3.9 厘米 ×7.1 厘米
宁夏博物馆藏

圆唇，敞口，椭圆，深腹，斜壁下收，平底。口沿下端浮雕侧悬山石，壁间贴饰梅鹤立鹿等。通体施白釉，釉色莹白，足底露胎，胎质坚致。

## 梅花虎鹿花口杯

明代
高 5.9 厘米、口径 9.6 厘米 ×8.1 厘米、底径 3.5 厘米 ×3.3 厘米
宁夏博物馆藏

圆唇，敞口，椭圆，深斜腹下收，平底。口沿下两端浮雕侧悬的山石，壁间贴饰梅花、虎、鹿等。通体施白釉，釉质莹润光亮，足底露胎，胎质紧致细腻。整器盈巧，生趣盎然。

## 花卉瑞兽花口杯

明代
高 6.2 厘米、口径 10.2 厘米 ×7.4 厘米、底径 3.7 厘米 ×3.3 厘米
宁夏博物馆藏

圆唇，敞口，椭圆，深腹斜下收，矮圈足。口沿下两端浮雕侧悬山石，外壁贴塑瑞兽、花卉等。通体施白釉，釉质莹润。足底露胎。

# 松鹤瑞兽花口杯

明代
高 5.5 厘米、口径 9.8 厘米 ×7.2 厘米、底径 3.8 厘米 ×3.2 厘米
宁夏博物馆藏

圆唇，椭圆，花口，斜腹下收，小平底。口沿下两端浅浮雕侧悬山石，壁间贴塑松鹤瑞兽。通体施白釉，釉质细白。足底露胎，胎质紧致。

# 梅花纹花口杯

明代
高 5.5 厘米、口径 8.4 厘米、底径 3 厘米
宁夏博物馆藏

圆唇，椭圆，花口，深腹斜收，平底，矮圈足。外壁贴塑梅花纹样。通体施白釉，釉色光润均匀，胎质洁白紧致。

# 梅花纹花口杯

明代
高 5.5 厘米、口径 8.3 厘米、底径 4.4 厘米 ×2.9 厘米
宁夏博物馆藏

圆唇，敞口，椭圆，口沿外撇，斜壁缓收，圜底。底下承镂空枝状足。枝足上生有梅花贴附外壁。通体施白釉，釉水莹润。足底露胎，胎质细白坚致。

## 梅花纹花口杯

明代
高 4 厘米、口径 6.5 厘米、底径 2.5 厘米
宁夏博物馆藏

圆唇，椭圆，花口，斜壁下收，圜底，矮圈足。腹壁贴饰折枝梅花。通体施白釉，釉水莹润光亮。足底露胎，胎色洁白。

## 花口杯

明代
高 5.4 厘米、口径 7.9 厘米、底径 3.5 厘米
宁夏博物馆藏

圆唇，敞口，花边形，近椭圆，深腹斜下收，圜底。素面。
通体施白釉。足底露白胎。

# 花口龙柄杯

明代
高 3.1 厘米、口径 6.6 厘米、底径 2.9 厘米
宁夏博物馆藏

圆唇，花边形敞口，弧腹，平底，矮圈足。口沿下方附一龙形环状耳。通体施白釉，釉水光洁。足底露白胎，胎质坚细。

# 深腹钟形杯

明代
高 7.1 厘米、口径 8.2 厘米、底径 3.5 厘米
宁夏博物馆藏

圆唇,敞口,微撇,深弧腹斜内收,形如钟,圜底,矮圈足。素面,通体施白釉,釉水光洁莹润。足底露胎,胎质坚致。

## 白釉杯

明代
高 4.1 厘米、口径 7.4 厘米、底径 3 厘米
宁夏博物馆藏

圆唇，敞口，弧腹渐收，圜底，矮圈足。素面。通体施白釉。足底露白胎。

# 钟形杯

明代
高 4.3 厘米、口径 6 厘米、底径 2.3 厘米
宁夏博物馆藏

圆唇，斜曲腹下收，形如钟，圜底，圈足。通体施白釉。足底露白胎。

# 镂空梅花杯

明代
高 6.7 厘米、口径 9.5 厘米 ×8.4 厘米、底径 4.2 厘米 ×3.5 厘米
宁夏博物馆藏

圆唇，敞口，椭圆，深腹，圜底，底下承镂空枝状足，腹壁贴塑梅花。通体施白釉，釉质光洁。胎质细腻。

# 海棠口杯

明代
高 3.8 厘米、口径 8.1 厘米 ×6.7 厘米
宁夏博物馆藏

圆唇，花形敞口，椭圆，斜腹下收，圜底，下承乳足。通体施白釉，釉水莹润光亮。足底露胎，胎质坚致。

## 曲柄勺

明代
长 12.5 厘米、宽 4.4 厘米、高 4.4 厘米
宁夏博物馆藏

由勺身和柄两部分组成。勺身呈半椭圆形。口沿连接一弯曲长柄。通体施白釉，釉质光洁。胎质细腻。

## 曲柄勺

明代
长 12.4 厘米、宽 4.4 厘米、高 4.4 厘米
宁夏博物馆藏

由勺身和柄两部分组成。勺身呈半椭圆形。通体施白釉，色白质坚。造型简洁流畅。

# 图片索引

# I

## 第一单元
## 陈设雅玩

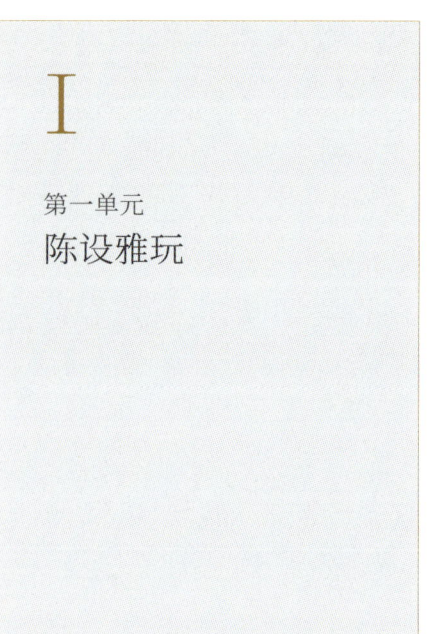

**印花双耳炉**

明代
高 9.4 厘米、口径 17.3 厘米、
底径 11 厘米
福建博物院藏

**双耳炉**

明代
高 7.8 厘米、口径 11 厘米、
腹径 12.3 厘米、底径 9.4 厘米
福建博物院藏

**兽首双耳炉**

明代
高 8 厘米、口径 12 厘米、
腹径 13.5 厘米、底径 10 厘米
福建博物院藏

**兽首双耳炉**

明代
高 4.4 厘米、口径 7.7 厘米、
腹径 8 厘米、底径 5.5 厘米
福建博物院藏

**兽首双耳炉**

明代
高 7.1 厘米、口径 12.5 厘米、
腹径 14.5 厘米、底径 10.1 厘米
宁夏博物馆藏

**兽首双耳炉**

明代
高 4.1 厘米、口径 8.5 厘米、
底径 6.9 厘米
宁夏博物馆藏

**三足炉**

明代
高 12.5 厘米、口径 23.2 厘米、
腹径 27.2 厘米、底径 13.7 厘米
福建博物院藏

**三足筒炉**

明代
高 8 厘米、口径 10.2 厘米、
底径 9.7 厘米
福建博物院藏

**福禄寿三足炉**

明代

高 14 厘米、口径 21 厘米、
底径 18.5 厘米

福建博物院藏

**弦纹炉**

明代

高 14 厘米、口径 6 厘米、
底径 6 厘米

福建博物院藏

**暗花竹节炉（两件）**

明代

高 8 厘米、口径 11.3 厘米、
底径 10.5 厘米；高 8.5 厘米、
口径 10.5 厘米、底径 10.5 厘米

福建博物院藏

**夔耳簋式炉**

明代

高 10 厘米、口径 19 厘米、
足径 10.5 厘米

福建博物院藏

**双耳圆鼎式炉**

清代

高 25.2 厘米、口径 16 厘米、
腹径 17.5 厘米

福建博物院藏

**双耳方鼎式炉**

清代

高 14.2 厘米、口径 12.9 厘米 ×8.9 厘米、
底径 10.8 厘米 ×7.2 厘米、足高 6.5 厘米

福建博物院藏

**暗花炉**

明代

高 8.2 厘米、口径 14.7 厘米、
腹径 15.5 厘米、底径 7 厘米

宁夏博物馆藏

**三足蟠龙烛台**

明代

高 12.6 厘米、盘口径 5.8 厘米

福建博物院藏

**荷塘虾蟹灯盏**

清代

高 4.3 厘米、口径 13 厘米、
底径 9 厘米

福建博物院藏

油灯
明代
高 6.3 厘米、口径 11 厘米、
底径 4.7 厘米
福建博物院藏

座灯
明代
高 14 厘米、口径 10 厘米、
底径 8.3 厘米
福建博物院藏

狮形香插
明代
高 9.3 厘米、长 6.5 厘米、
宽 4.5 厘米
福建博物院藏

狮形香熏
清代
高 9.4 厘米、长 8 厘米、
宽 7 厘米
福建博物院藏

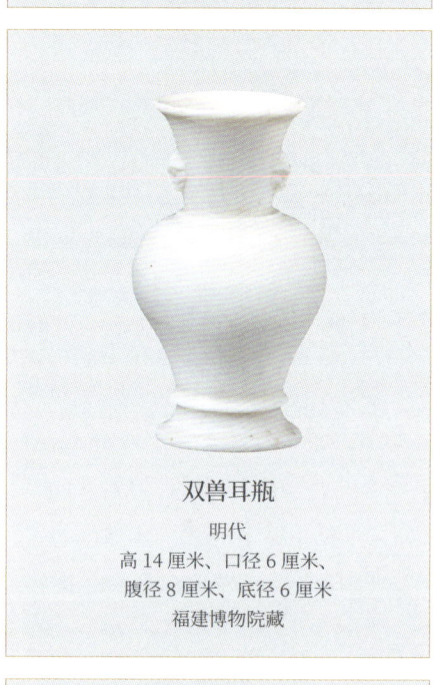

双兽耳瓶
明代
高 14 厘米、口径 6 厘米、
腹径 8 厘米、底径 6 厘米
福建博物院藏

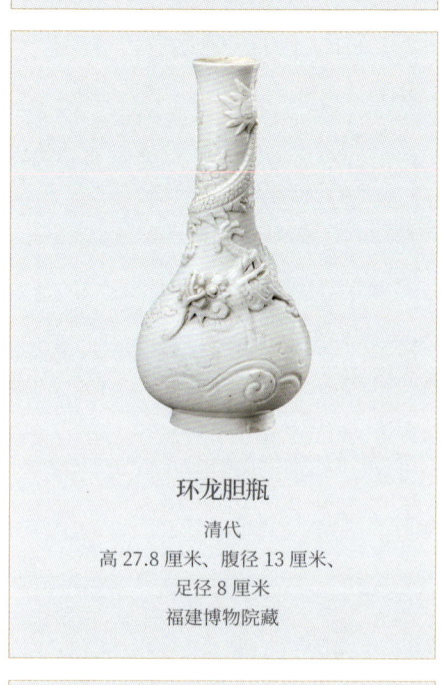

环龙胆瓶
清代
高 27.8 厘米、腹径 13 厘米、
足径 8 厘米
福建博物院藏

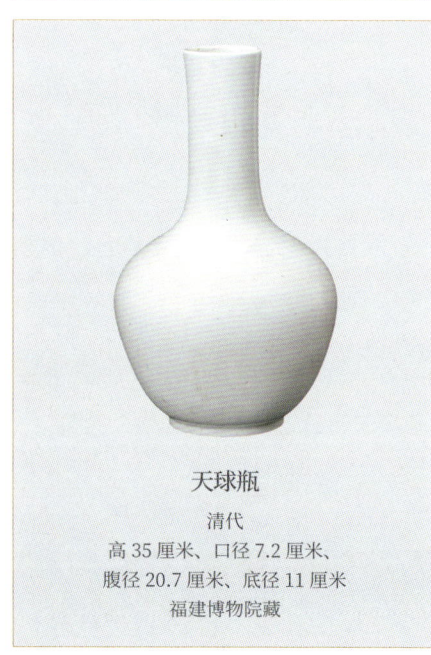

天球瓶
清代
高 35 厘米、口径 7.2 厘米、
腹径 20.7 厘米、底径 11 厘米
福建博物院藏

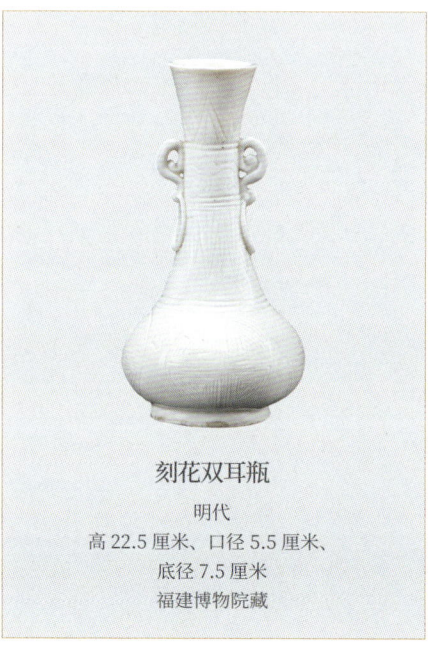

刻花双耳瓶
明代
高 22.5 厘米、口径 5.5 厘米、
底径 7.5 厘米
福建博物院藏

# II

第二单元
**文房藏珍**

荷叶洗
明代
高 3.6 厘米
福建博物院藏

荷叶洗
明代
高 4 厘米、口径 11.5 厘米×8.5 厘米
福建博物院藏

兽纽刻"孙镛之印"方章
清代
高 8.3 厘米、底面边长 5 厘米
福建博物院藏

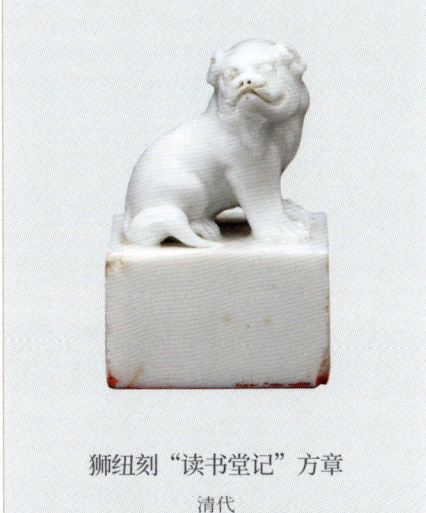

狮纽刻"读书堂记"方章
清代
高 6 厘米、底面边长 4 厘米
福建博物院藏

贴塑团龙水盂
清代
高 5.7 厘米、口径 5 厘米、
腹径 8.1 厘米、底径 5 厘米
福建博物院藏

# Ⅲ

第三单元
禅道陶然

观音立像
明代
通高 50 厘米、底径 14.5 厘米
福建博物院藏

观音立像
明代
通高 44 厘米、通宽 11.2 厘米、
底径 11 厘米
福建博物院藏

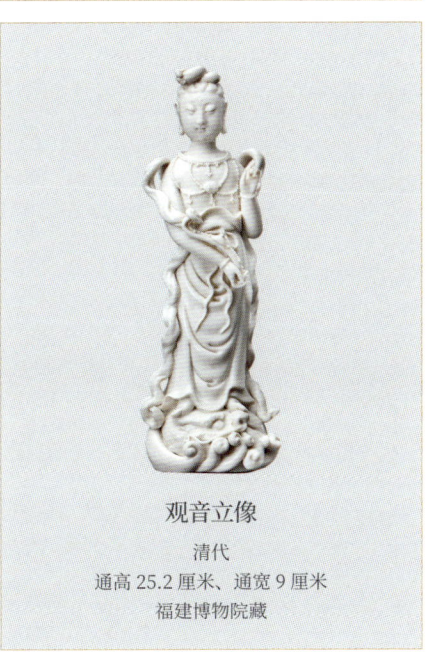

观音立像
清代
通高 25.2 厘米、通宽 9 厘米
福建博物院藏

观音立像

明代

通高 36.2 厘米、通宽 9.5 厘米、底径 11.5 厘米

宁夏博物馆藏

观音坐像

明代

通高 25 厘米、通宽 14.3 厘米

福建博物院藏

观音坐像

明代

通高 19 厘米、通宽 12 厘米

福建博物院藏

观音坐像

清代

通高 21 厘米、通宽 14 厘米

福建博物院藏

送子观音像

明代

通高 38 厘米、通宽 15 厘米

福建博物院藏

送子观音像

明代

通高 18.3 厘米、背宽 6.5 厘米

宁夏博物馆藏

千手观音像

明代

通高 25.4 厘米、通宽 8 厘米、底径 10.6 厘米

宁夏博物馆藏

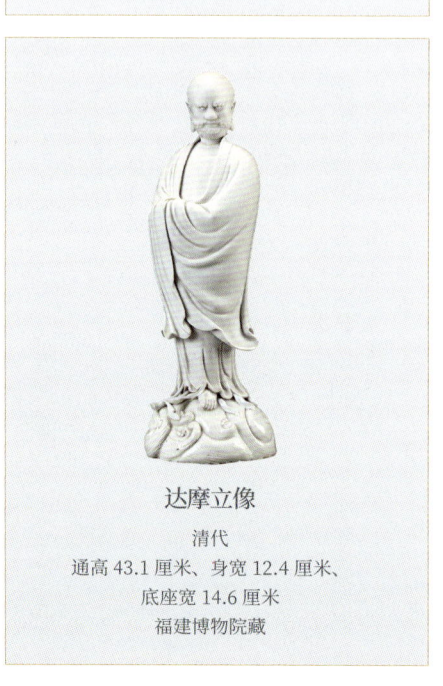

达摩立像

清代

通高 43.1 厘米、身宽 12.4 厘米、底座宽 14.6 厘米

福建博物院藏

释迦牟尼佛立像

明代

通高 29.2 厘米、底径 11.5 厘米

福建博物院藏

**如来佛坐像**
明代
通高 29 厘米、通宽 18 厘米
福建博物院藏

**李太白坐像**
明代
通高 14.3 厘米、身宽 6.8 厘米、
底宽 9.2 厘米
福建博物院藏

**福德正神坐像**
明代
通高 16.1 厘米、通宽 7.3 厘米、
底径 3.7 厘米
福建博物院藏

**福德正神坐像**
明代
通高 16 厘米、通宽 7.3 厘米、
底径 4.7 厘米
福建博物院藏

**关公周仓立像**
明代
通高 8.5 厘米、通长 10.5 厘米、
通宽 4.5 厘米
福建博物院藏

**张生爱子人物立像**
明代
通高 25.3 厘米、底径 11 厘米
福建博物院藏

**弥勒佛坐像**
明代
通高 13 厘米、通宽 16 厘米
福建博物院藏

# IV

第四单元
**觥筹交盏**

**贴螭壶**
明代
高 12.9 厘米、口径 4.8 厘米、
腹径 8.5 厘米、底径 8.5 厘米
福建博物院藏

**贴塑折枝花茶壶**

清代

高 11.5 厘米、口径 4 厘米、
腹径 10.7 厘米、底径 7 厘米

福建博物院藏

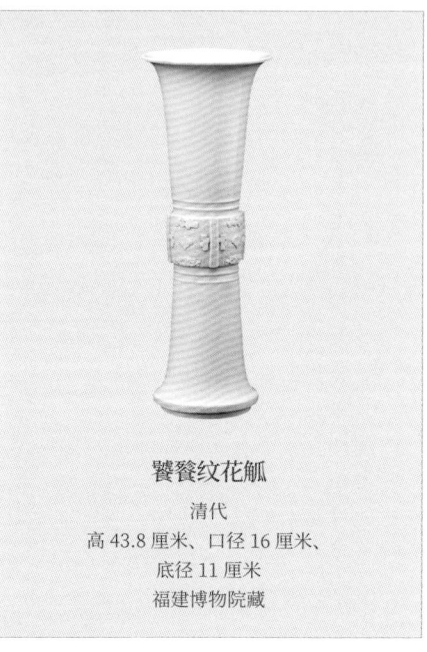

**饕餮纹花觚**

清代

高 43.8 厘米、口径 16 厘米、
底径 11 厘米

福建博物院藏

**素面觚**

明代

高 21 厘米、口径 13.9 厘米、
底径 6.9 厘米

福建博物院藏

**回纹觚**

明代

高 13.3 厘米、口径 8.4 厘米、
底径 4 厘米

福建博物院藏

**觚**

明代

高 17.2 厘米、口径 9.8 厘米、
底径 6.6 厘米

福建博物院藏

**爵**

明代

高 6.3 厘米

宁夏博物馆藏

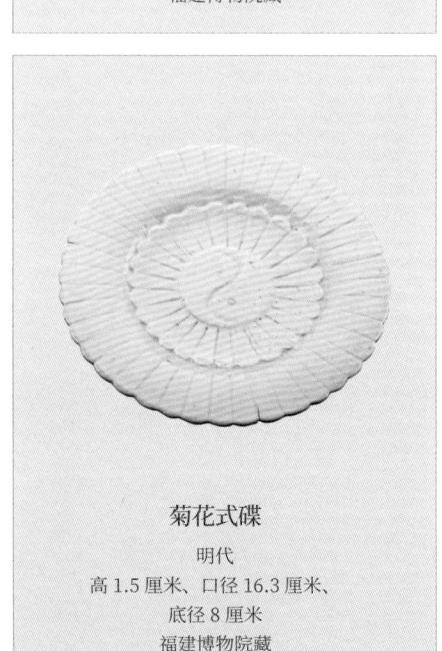

**菊花式碟**

明代

高 1.5 厘米、口径 16.3 厘米、
底径 8 厘米

福建博物院藏

**贴塑松鹿碗**

明代

高 8 厘米、口径 15.3 厘米、
底径 8 厘米

福建博物院藏

**划花盘**

明代

高 5.5 厘米、口径 27.6 厘米、
底径 14 厘米、足高 0.9 厘米

福建博物院藏

**三乳足椭形杯**
明代
高 10.2 厘米、口径 14.3 厘米 ×11.5 厘米
福建博物院藏

**贴梅椭形杯**
明代
高 7.1 厘米、口径 12 厘米 ×7.3 厘米、
底径 4.2 厘米 ×3.4 厘米
福建博物院藏

**双耳杯**
明代
高 3.6 厘米、口径 7 厘米、底径 3.6 厘米
福建博物院藏

**贴塑花卉纹杯**
明代
高 5.5 厘米、口径 9.7 厘米 ×9 厘米、
足高 0.3 厘米
福建博物院藏

**三乳足椭形杯**
明代
高 5.7 厘米、口径 9.2 厘米 ×7.3 厘米、
足高 0.5 厘米
福建博物院藏

**三乳足杯**
明代
高 6.8 厘米、口径 8.1 厘米、
底径 3.6 厘米
福建博物院藏

**三乳足杯**
明代
高 8.2 厘米、口径 13.2 厘米 ×10.5 厘米
福建博物院藏

**三乳足杯**
明代
高 3.1 厘米、口径 7.6 厘米
福建博物院藏

**瓜棱式杯**
明代
高 3.2 厘米、口径 8.3 厘米、
底径 3.2 厘米
福建博物院藏

**刻花八角杯**
明代
高5.2厘米、口径8厘米×7.1厘米、
底径5.1厘米×4.3厘米
宁夏博物馆藏

**贴塑梅花八角杯**
明代
高4.5厘米、口径8厘米×7.5厘米、
底径5.5厘米×4.8厘米
福建博物院藏

**贴塑花卉方杯**
明代
高5厘米、口径7.5厘米×7.5厘米、
底径4.5厘米×4.3厘米
福建博物院藏

**贴塑梅花杯**
明代
高3.4厘米、口径7厘米、
底径3.4厘米
福建博物院藏

**带鋬圈足杯**
明代
高3厘米、口径5.5厘米、
底径3厘米
福建博物院藏

**梅花纹花口杯**
明代
高9.3厘米、
口径13.5厘米×10.5厘米
福建博物院藏

**梅鹿椭形杯**
明代
高6.8厘米、口径11厘米×8.3厘米、
底径4.3厘米×3.3厘米
福建博物院藏

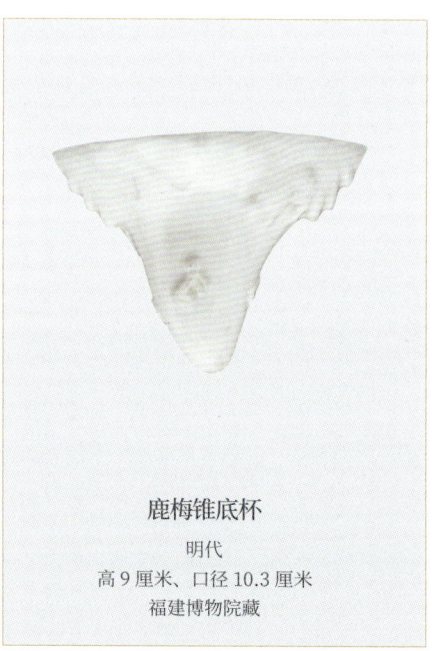

**鹿梅锥底杯**
明代
高9厘米、口径10.3厘米
福建博物院藏

**花口三足杯**
明代
高5.8厘米、宽6.8厘米、
口径8.9厘米、底径2.6厘米
宁夏博物馆藏

**瑞兽松枝纹花口杯**
明代
高 6.5 厘米、口径 13 厘米 ×9.5 厘米、
底径 5 厘米 ×4.2 厘米
宁夏博物馆藏

**瑞兽松枝纹花口杯**
明代
高 7.4 厘米、口径 13 厘米 ×9.7 厘米、
底径 4.7 厘米 ×4.2 厘米
宁夏博物馆藏

**梅鹿飞鹤花口杯**
明代
高 6.2 厘米、口径 10.2 厘米 ×3.5 厘米、
底径 3.9 厘米 ×7.1 厘米
宁夏博物馆藏

**梅花虎鹿花口杯**
明代
高 5.9 厘米、口径 9.6 厘米 ×8.1 厘米、
底径 3.5 厘米 ×3.3 厘米
宁夏博物馆藏

**花卉瑞兽花口杯**
明代
高 6.2 厘米、口径 10.2 厘米 ×7.4 厘米、
底径 3.7 厘米 ×3.3 厘米
宁夏博物馆藏

**松鹤瑞兽花口杯**
明代
高 5.5 厘米、口径 9.8 厘米 ×7.2 厘米、
底径 3.8 厘米 ×3.2 厘米
宁夏博物馆藏

**梅花纹花口杯**
明代
高 5.5 厘米、口径 8.4 厘米、
底径 3 厘米
宁夏博物馆藏

**梅花纹花口杯**
明代
高 5.5 厘米、口径 8.3 厘米、
底径 4.4 厘米 ×2.9 厘米
宁夏博物馆藏

**梅花纹花口杯**
明代
高 4 厘米、口径 6.5 厘米、
底径 2.5 厘米
宁夏博物馆藏

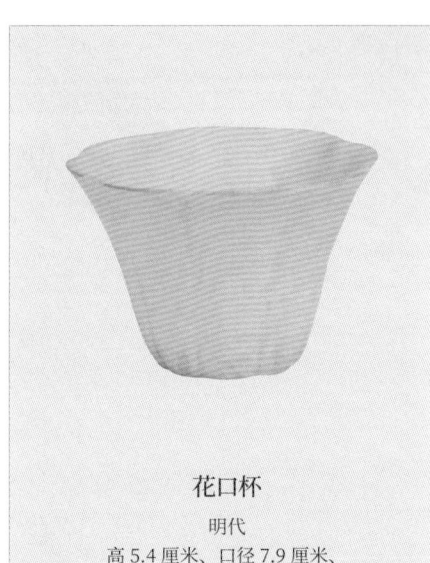

**花口杯**
明代
高 5.4 厘米、口径 7.9 厘米、
底径 3.5 厘米
宁夏博物馆藏

**花口龙柄杯**
明代
高 3.1 厘米、口径 6.6 厘米、
底径 2.9 厘米
宁夏博物馆藏

**深腹钟形杯**
明代
高 7.1 厘米、口径 8.2 厘米、
底径 3.5 厘米
宁夏博物馆藏

**白釉杯**
明代
高 4.1 厘米、口径 7.4 厘米、
底径 3 厘米
宁夏博物馆藏

**钟形杯**
明代
高 4.3 厘米、口径 6 厘米、
底径 2.3 厘米
宁夏博物馆藏

**镂空梅花杯**
明代
高 6.7 厘米、口径 9.5 厘米 ×8.4 厘米、
底径 4.2 厘米 ×3.5 厘米
宁夏博物馆藏

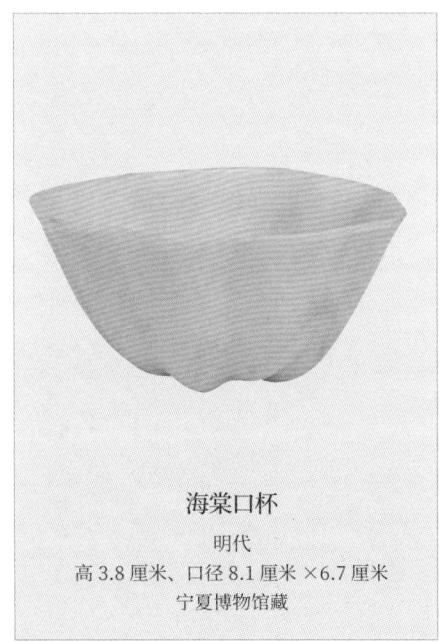

**海棠口杯**
明代
高 3.8 厘米、口径 8.1 厘米 ×6.7 厘米
宁夏博物馆藏

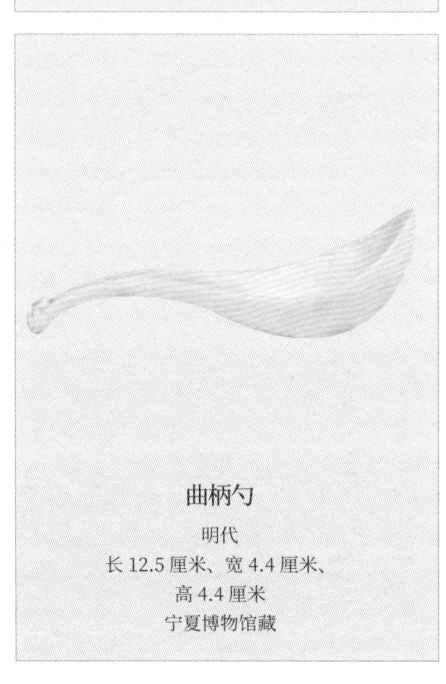

**曲柄勺**
明代
长 12.5 厘米、宽 4.4 厘米、
高 4.4 厘米
宁夏博物馆藏

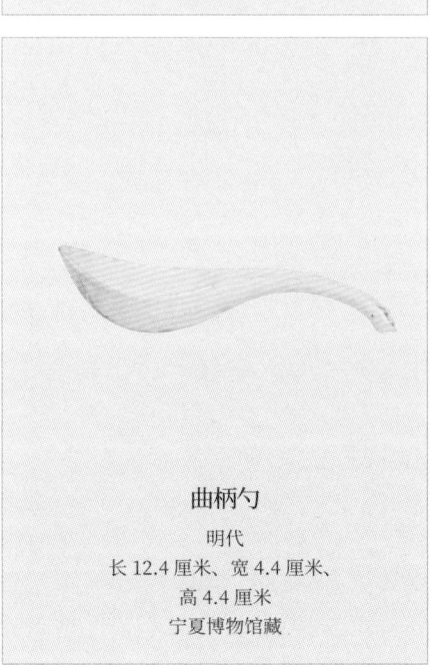

**曲柄勺**
明代
长 12.4 厘米、宽 4.4 厘米、
高 4.4 厘米
宁夏博物馆藏